Causas de la guerra de Secesión
Un país dividido

Heather E. Schwartz

Asesores

Vanessa Ann Gunther, Ph.D.
Departamento de Historia
Universidad de Chapman

Nicholas Baker, Ed.D.
Supervisor de currículo e instrucción
Distrito Escolar Colonial, DE

Katie Blomquist, Ed.S.
Escuelas Públicas del Condado de Fairfax

Créditos de publicación

Rachelle Cracchiolo, M.S.Ed., *Editora comercial*
Emily R. Smith, M.A.Ed., *Vicepresidenta superior de desarrollo de contenido*
Véronique Bos, *Vicepresidenta de desarrollo creativo*
Caroline Gasca, M.S.Ed., *Gerenta general de contenido*

Créditos de imágenes: portada y págs.1, 2, 9 (inferior, derecha), 10, 11 (superior), 12, 15 (inferior), 20, 26 North Wind Picture Archives; págs.4–5, 13 (superior e inferior), 18–19, 29 Granger, NYC; págs.7 (superior), 23 (inferior) Sarin Images/Granger, NYC; págs.5 (superior), 28 (izquierda) LOC [LC-USZ62-79305]; pág.5 (inferior) Wikimedia Commons/Dominio público; pág.6 DeAgostini/Getty Images; pág.7 (inferior) NARA [1667751]; págs.11 (inferior), 21, 32 akg-images/Newscom; pág.14 Al Fenn/The LIFE Picture Collection/Getty Images; pág.15 (superior) NARA [301673], (centro) Dominio público; pág.16 (fondo) Walter Sanders/The LIFE Images Collection/Getty Images, (frente) LOC [LC-DIG-ppmsca-31540]; pág.17 (frente) Everett Collection/Newscom, (fondo) LOC [LC-USZ62-132561]; pág.18 (frente) Pictorial Press Ltd/Alamy Stock Photo; pág.19 (superior, izquierda) LOC [LC-DIG-cwpbh-05089], (superior, derecha) LOC [LC-USZ62-7816]; pág.23 (superior) LOC [LC-USZC2-331]; pág.24 Bob Thomas/Popperfoto/Getty Images; pág.27 (inferior) LOC [LC-USZ62-5067], (superior) LOC [LC-USZC2-2663]; pág.28 (derecha) LOC [LC-DIG-ppmsca-31540]; pág.31 Bob Thomas/Popperfoto/Getty Images; todas las demás imágenes cortesía de iStock y/o Shutterstock.

Library of Congress Cataloging in Publication Control Number: 2024051887

Se prohíbe la reproducción y la distribución de este libro por cualquier medio sin autorización escrita de la editorial.

Teacher Created Materials
5482 Argosy Avenue
Huntington Beach, CA 92649
www.tcmpub.com
ISBN 979-8-3309-0198-2
© 2025 Teacher Created Materials, Inc.

Tabla de contenido

Un paso hacia la guerra 4

Un delicado equilibrio 6

Una decisión importante 14

Robo y revuelta 18

La división se profundiza 22

Un país en crisis 26

¡Rapéalo! 28

Glosario 30

Índice 31

¡Tu turno! 32

Un paso hacia la guerra

"Una vez libre, siempre libre". Esta era una **doctrina** que aplicaba el sistema judicial de Misuri en el siglo XIX. En 1846, un afroamericano llamado Dred Scott puso a prueba esa política. Cuando murió el hombre que lo tenía esclavizado, Scott **demandó** a la esposa de ese hombre para que lo liberara. Scott consideraba que, como había vivido con su esclavizador en territorios libres, él también debía ser libre. El caso llegó a la Corte Suprema de Estados Unidos. La decisión de la Corte cambió el curso de la historia. Profundizó la división de la nación y empujó a Estados Unidos un paso más hacia la guerra.

Los años anteriores a la guerra de Secesión fueron tensos y turbulentos. Había desacuerdos acerca de asuntos **controvertidos** que afectaban al país. El problema más grande era la esclavitud. Muchos querían que terminara. Otros querían que dejara de expandirse. Algunos opinaban que la esclavitud era necesaria. Era un tema candente que fragmentaría a la nación.

La Corte Suprema escucha el caso de Dred Scott.

En este periódico de 1857, aparece un artículo sobre Dred Scott.

Dred Scott

Un delicado equilibrio

A principios del siglo XIX, había **debates** acalorados acerca de la esclavitud. También había desacuerdos sobre los derechos de los estados. Lentamente, la nación se iba dividiendo en dos. Se estaba trazando una línea entre el Norte y el Sur. Muchos norteños estaban en contra de la esclavitud. Creían que debía prohibirse en todos los estados, no solo en los del Norte. Opinaban que el gobierno **federal** debía intervenir y **abolir** la esclavitud. No les parecía bien que cada estado tuviera el poder de decidir sobre ese tema.

VIDAS DIFERENTES

Algunos sureños tenían grandes áreas de cultivo llamadas *plantaciones*. Obligaban a africanos esclavizados a trabajar allí sin pagarles nada a cambio. Las personas esclavizadas no tenían derechos. Las ciudades del Norte, en cambio, contaban con fábricas. Allí, los trabajadores cobraban un salario.

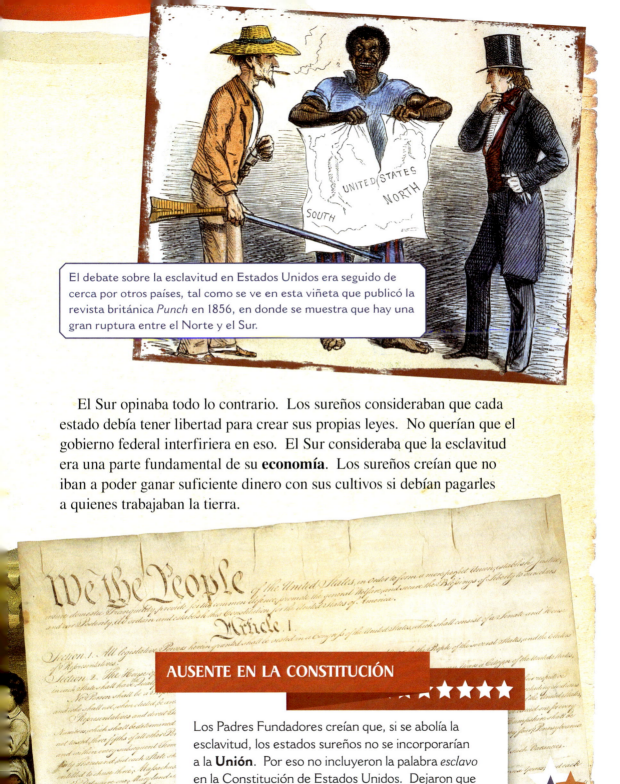

El debate sobre la esclavitud en Estados Unidos era seguido de cerca por otros países, tal como se ve en esta viñeta que publicó la revista británica *Punch* en 1856, en donde se muestra que hay una gran ruptura entre el Norte y el Sur.

El Sur opinaba todo lo contrario. Los sureños consideraban que cada estado debía tener libertad para crear sus propias leyes. No querían que el gobierno federal interfiriera en eso. El Sur consideraba que la esclavitud era una parte fundamental de su **economía**. Los sureños creían que no iban a poder ganar suficiente dinero con sus cultivos si debían pagarles a quienes trabajaban la tierra.

AUSENTE EN LA CONSTITUCIÓN

Los Padres Fundadores creían que, si se abolía la esclavitud, los estados sureños no se incorporarían a la **Unión**. Por eso no incluyeron la palabra *esclavo* en la Constitución de Estados Unidos. Dejaron que los horrores de la esclavitud los rectificaran los líderes del futuro.

El Compromiso de Misuri

Durante las dos primeras décadas del siglo XIX, Estados Unidos siguió creciendo. Se sumaron nuevos territorios a la Unión. Los líderes debían tomar decisiones importantes. ¿Debía permitirse la esclavitud en los nuevos estados o debía ser ilegal? Los líderes querían que ambos bandos estuvieran contentos. Por eso, trataron de alcanzar un equilibrio.

En 1819, Estados Unidos estaba formado por 22 estados. Había 11 estados libres y 11 estados esclavistas. Pero Misuri también quería incorporarse a la Unión. Y eso planteaba un problema. ¿Misuri debía ser un estado libre o esclavista? El Norte y el Sur no se ponían de acuerdo. Cada estado tenía representación en el gobierno federal. El bando que sumara un estado más saldría fortalecido. Tendría más votos en el Congreso. La disputa duró dos años.

Compromiso de Misuri

SIGUE EL DESCONTENTO ★★

El Compromiso de Misuri no logró que los dos bandos hicieran las paces. Al Norte le molestaba que la esclavitud se expandiera a nuevos territorios. Al Sur le disgustaba que el gobierno federal interviniera.

En 1819, Maine también solicitó entrar en la Unión. Eso les dio una idea a los líderes. Misuri sería un estado esclavista. Y Maine sería un estado libre. El país quedaría en equilibrio. Esta solución recibió el nombre de **Compromiso** de Misuri. El compromiso también establecía que todos los territorios del Oeste situados por encima de la frontera sur de Misuri serían libres. Todos los territorios ubicados al sur de esa frontera permitirían la esclavitud.

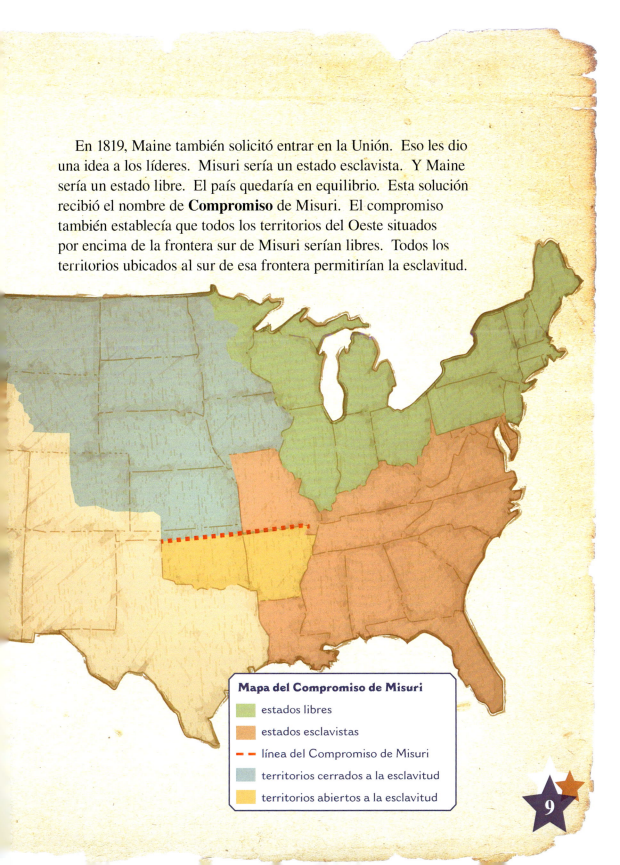

Mapa del Compromiso de Misuri
- estados libres
- estados esclavistas
- - - línea del Compromiso de Misuri
- territorios cerrados a la esclavitud
- territorios abiertos a la esclavitud

El Compromiso de 1850

En 1849, California buscaba incorporarse a la Unión, pero no apoyaba la esclavitud. De esa forma, habría más estados libres. El conflicto entre el Norte y el Sur se revivió, ya que una vez más se alteraría el equilibrio entre estados libres y esclavistas. Eso derivó en un segundo compromiso.

El Compromiso de 1850 fue un intento por mantener la paz. Se determinó que California ingresaría a la Unión como estado libre. Pero quienes vivían en los territorios de Nuevo México y Utah podrían decidir si querían que su estado fuera libre o esclavista.

El Compromiso también modificó la Ley de Esclavos Fugitivos y prohibió el tráfico de esclavos en Washington D. C. La esclavitud en sí todavía se permitía. Pero ya no se podrían comprar ni vender personas esclavizadas. Eso era importante. En D. C. estaba el mayor mercado de personas esclavizadas. Había más tráfico allí que en cualquier otro lado.

Este mapa muestra el Oeste de Estados Unidos después del Compromiso de 1850.

Leyenda
- Admitido como estado libre
- Territorios libres bajo la ley mexicana, abiertos a la esclavitud
- Vendido por Texas a Estados Unidos

Bajo la Ley de Esclavos Fugitivos, dos hombres capturan a unas personas que habían huido de la esclavitud.

LA LEY DE ESCLAVOS FUGITIVOS

Muchas personas huyeron al Norte para escapar de la esclavitud. La Ley de Esclavos Fugitivos permitía buscar a esas personas que habían huido al Norte. Pero, en 1850, el Congreso modificó la ley. Determinó que los norteños debían ayudar a devolver los fugitivos a sus esclavizadores. También fijaba penas más severas por colaborar con quienes huyeran de la esclavitud. Eso enojó a muchos norteños.

Kansas Sangriento

En 1854, otros dos territorios estaban listos para incorporarse a la Unión. Kansas y Nebraska ya tenían la población suficiente para convertirse en estados. Entonces, el Congreso aprobó la Ley de Kansas-Nebraska. Esta ley permitía que los habitantes de esos territorios decidieran si querían que su estado fuera libre o esclavista. Eso generó muchas controversias, ya que revertía el Compromiso de Misuri. Kansas y Nebraska habrían sido estados libres. Era lo que se había acordado en el compromiso anterior. Los norteños estaban furiosos.

Nebraska eligió ser un estado libre. Muchos de sus habitantes provenían del Norte. En cambio, Kansas estaba más cerca de los estados esclavistas. No estaba claro qué votarían sus habitantes. A Kansas llegaron oleadas de personas de otros estados, tanto del Norte como del Sur. Esas personas querían influir en los votantes. Algunas votaron ilegalmente. Después de la votación, se declaró que Kansas sería un estado esclavista. Los norteños estaban **indignados**. Estallaron peleas. Se libraron pequeñas batallas y hubo muertos. Las personas empezaron a llamar al territorio "Kansas Sangriento".

Este símbolo antiesclavista recibió el nombre de "Libertad para Kansas".

Este mapa muestra que los territorios de Kansas y Nebraska estaban por encima de la línea del Compromiso de Misuri.

Habitantes de Misuri votan a favor de la esclavitud en Kansas.

Una decisión importante

Antes de la guerra de Secesión, a algunas personas se las consideraba propiedad de otras. No tenían derechos. Las personas esclavizadas debían seguir a sus esclavizadores cuando estos viajaban o se mudaban, incluso si iban a un estado libre del Norte.

Dred Scott fue una de esas personas. Nació en condiciones de esclavitud cerca del año 1800. A lo largo de su vida, trabajó para diferentes esclavizadores. Uno de ellos era un médico del Ejército llamado John Emerson. Como Emerson trabajaba para el Ejército, se mudaba con frecuencia de un lugar a otro. Cuando compró a Scott, vivía en Misuri, un estado esclavista. El Ejército lo trasladó al estado libre de Illinois y luego al territorio de Wisconsin, donde la esclavitud también estaba prohibida. Y Emerson llevó consigo a Scott.

Robinson y Scott

DRED SCOTT SE CASA

En Wisconsin, Scott conoció a Harriet Robinson, que también estaba esclavizada. La pareja se enamoró y se casó en 1838. La esposa de Scott pasó a ser propiedad de Emerson.

Scott pasó a ser propiedad de la esposa de Emerson cuando él murió en 1843. Intentó comprar su libertad por 300 dólares, pero la mujer se negó. Entonces, en 1846, Scott decidió demandarla para que lo liberara. Dijo que, como había vivido en un estado libre con Emerson, merecía ser libre. El caso llegó al tribunal más importante del país: la Corte Suprema de Estados Unidos.

Este documento explica la decisión final en el caso de Dred Scott.

EL PODER DE UN TEXTO

Harriet Beecher Stowe escribió una historia llamada *La cabaña del tío Tom*. La obra se publicó en forma de libro en 1852. Expuso los horrores de la esclavitud e inspiró a las personas a luchar para ponerle fin.

Harriet Beecher Stowe

En 1857, la Corte Suprema tomó una decisión. Le negó la libertad a Scott. Los jueces dijeron que Scott no tenía derechos porque era esclavo. La Corte declaró que las personas esclavizadas eran propiedad de sus dueños. No eran ciudadanos estadounidenses. Por lo tanto, no podían llevar un caso ante un tribunal de justicia. Además, la Corte revirtió el Compromiso de Misuri. Determinó que el gobierno federal no podía restringir la esclavitud en ciertos territorios.

El presidente de la Corte Suprema, Roger Brooke Taney, escribió una opinión en nombre del tribunal. Declaró que las personas esclavizadas siempre debían obedecer la ley del estado en el que vivían. Scott había vuelto al Sur y vivía en un estado esclavista. Por lo tanto, debía cumplir las leyes de ese estado. Además, Taney escribió que los afroamericanos nunca podrían ser ciudadanos estadounidenses.

la sala donde se realizó el juicio de Dred Scott

Taney, presidente de la Corte Suprema

Los sureños estaban conformes con el fallo. Los norteños estaban indignados. Algunos estados del Norte ignoraron la decisión de la Corte Suprema. Aprobaron leyes que establecían que las personas esclavizadas que fueran llevadas al Norte serían legalmente libres.

El caso dividió aún más al país. El Norte y el Sur no lograban ponerse de acuerdo sobre el asunto de la esclavitud. No podían decidir si los estados tenían derecho a gobernarse a sí mismos. Las tensiones seguían en aumento.

Este anuncio publicado en un periódico indica cómo pedir una copia del fallo.

NOW READY:

THE

Dred Scott Decision.

OPINION OF CHIEF-JUSTICE ROGER B. TANEY,

WITH AN INTRODUCTION,

BY DR. J. H. VAN EVRIE.

ALSO,

AN APPENDIX,

BY SAM. A. CARTWRIGHT, M.D., of New Orleans,

ENTITLED,

"Natural History of the Prognathous Race of Mankind."

ORIGINALLY WRITTEN FOR THE NEW YORK DAY-BOOK.

THE GREAT WANT OF A BRIEF PAMPHLET, containing the famous decision of Chief-Justice Taney, in the celebrated Dred Scott Case, has induced the Publishers of the DAY-BOOK to present this edition to the public. It contains a Historical Introduction by Dr. Van Evrie, author of "Negroes and Negro Slavery," and an Appendix by Dr. Cartwright, of New Orleans, in which the physical differences between the negro and the white races are forcibly presented. As a whole, this pamphlet gives the *historical*, *legal*, and *physical* aspects of the "Slavery" Question in a concise compass, and should be read by thousands before the next presidential election. ... desire to answer the arguments of the ... read it. In order to place it before Democratic Clubs, Democratic ... interested in the cause, to or-... been put down at the fol-... will be sent, free of post-... ates. Dealers supplied

LIBRE AL FIN

Dred Scott finalmente consiguió la libertad. Junto con su familia, fue transferido a los hijos de uno de sus antiguos esclavizadores. Ellos lo liberaron tras la decisión de la Corte Suprema. Lamentablemente, Scott murió pocos meses después.

Robo y revuelta

John Brown nació en 1800. Se crio en el Norte. Él y su familia estaban en contra de la esclavitud. Creían que era un **pecado** contra Dios. En 1859, Brown estaba muy dedicado a la lucha para abolir la esclavitud. Sentía que estaba realizando la obra de Dios. Daba discursos contra la esclavitud y ayudaba a las personas esclavizadas a escapar al Norte en busca de su libertad. Pero Brown sentía que eso no era suficiente. Todo iba demasiado lento. Por eso, ideó un plan. Encabezaría una **revuelta**.

Brown decidió llevar adelante su revuelta en Harpers Ferry, Virginia. Allí había un **arsenal** federal. Brown quería entrar para robar armas. Pensaba dárselas a personas esclavizadas de la zona, para luego liderarlas en una revuelta contra sus esclavizadores. Era un plan sumamente peligroso. Atacar un arsenal federal era un acto de **traición**. Pero Brown estaba decidido.

NO ERA LA PRIMERA

En un intento por expulsar a los **abolicionistas** de "Kansas Sangriento", un grupo de esclavistas atacó una oficina. Brown y sus hijos planificaron una venganza. Encontraron y mataron a cinco de los hombres que creían que habían participado en el ataque.

John Brown

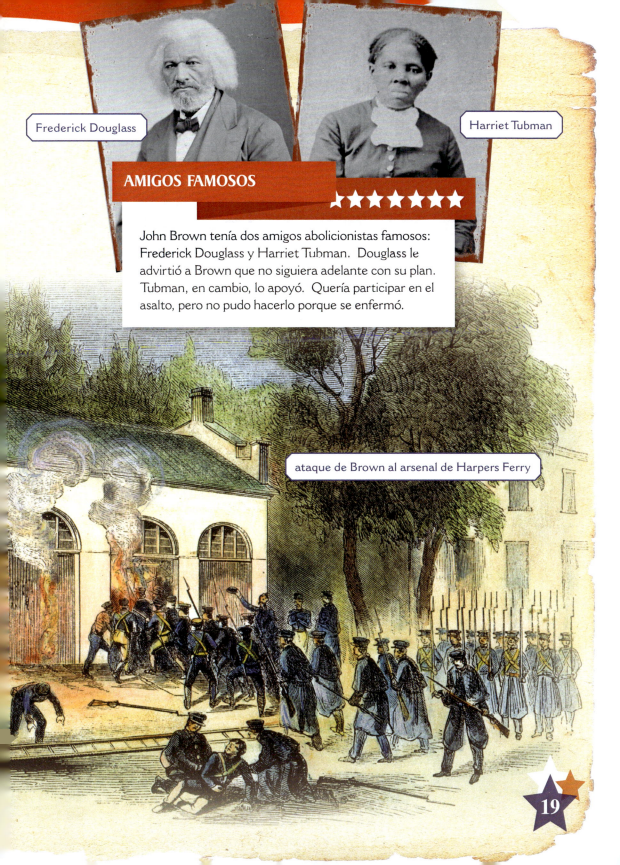

Frederick Douglass

Harriet Tubman

AMIGOS FAMOSOS

John Brown tenía dos amigos abolicionistas famosos: Frederick Douglass y Harriet Tubman. Douglass le advirtió a Brown que no siguiera adelante con su plan. Tubman, en cambio, lo apoyó. Quería participar en el asalto, pero no pudo hacerlo porque se enfermó.

ataque de Brown al arsenal de Harpers Ferry

El plan de Brown se puso en marcha en octubre de 1859. El propio Brown viajó a Harpers Ferry con un grupo de 21 hombres. La mayoría eran hombres blancos, incluidos dos de los hijos de Brown. Lo primero que hicieron fue capturar el arsenal federal. Se llevaron armas que usaron para tomar de **rehenes** a los líderes de la ciudad.

Brown y sus hombres suponían que las personas esclavizadas de la zona iban a unirse al ataque. Confiaban en que la revuelta crecería cuando fueran a otras partes del país. Pero las personas esclavizadas de la zona no estaban preparadas para luchar. No se les unieron. En cambio, la **milicia** de la ciudad sí tomó la ofensiva. Dieron batalla e hirieron y mataron a muchos de los hombres de Brown.

Finalmente, Brown se rindió. Fue acusado de provocar la **insurrección** de esclavos, y también de traición y homicidio. Lo sentenciaron a morir en la horca. La revuelta de Brown fracasó. Pero sus acciones tuvieron un impacto importante. Los sureños empezaron a temer que las personas esclavizadas se alzaran en revueltas violentas. Los norteños decidieron que debían actuar. Ambos bandos comenzaron a prepararse para la guerra.

John Brown sostiene a su hijo moribundo en Harpers Ferry.

REACCIONES A LA REVUELTA

Algunos dijeron que Brown era un héroe. Otros lo llamaron terrorista y lo consideraron un delincuente que había quebrantado la ley y recurrido a la violencia para lograr su objetivo.

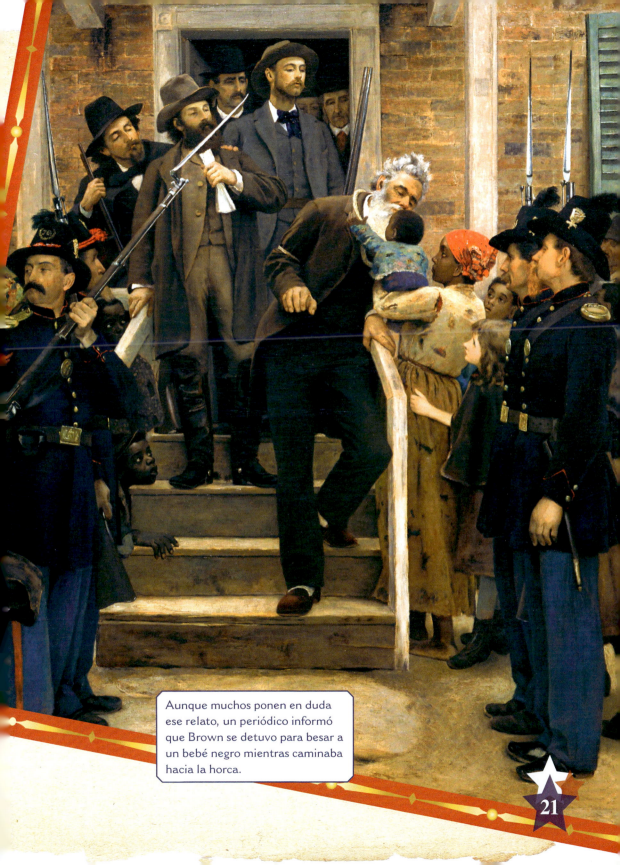

Aunque muchos ponen en duda ese relato, un periódico informó que Brown se detuvo para besar a un bebé negro mientras caminaba hacia la horca.

La división se profundiza

En 1858, se desocupó un puesto en el Senado. Stephen A. Douglas era un senador demócrata. Abraham Lincoln era miembro del Partido Republicano. Decidió competir con Douglas. El ganador representaría al estado de Illinois en el Congreso.

Los dos hombres se enfrentaron en siete debates, que se conocieron como los debates Lincoln-Douglas. Lincoln argumentaba que la esclavitud era inmoral. Douglas sostenía que la igualdad de derechos era solo para los hombres blancos. Las palabras de ambos llegaron a todas partes gracias al **telégrafo** y al tren. El país entero escuchó sus discursos. Las personas tomaron partido y la nación se dividió aún más. Finalmente, quien se quedó con el puesto fue Douglas.

AL FRENTE DE LA CONFEDERACIÓN

Antes de que Lincoln asumiera la presidencia, Carolina del Sur, Misisipi, Florida, Alabama, Georgia, Luisiana y Texas se separaron de la Unión. Adoptaron el nombre de Estados Confederados de América. Luego se sumaron Arkansas, Carolina del Norte, Tennessee y Virginia.

Leyenda

- Estados y territorios de la Unión
- Áreas de la Secesión

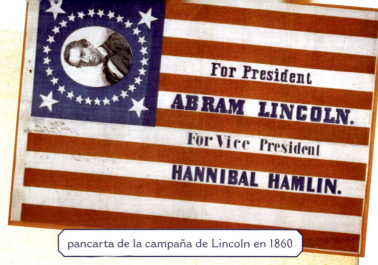

pancarta de la campaña de Lincoln en 1860

En 1860, Lincoln y Douglas volvieron a enfrentarse, pero esta vez por la presidencia. Ambos tenían ideas diferentes sobre cómo gobernar el país. Lincoln no quería que la nación siguiera dividida. Deseaba ponerle fin a la esclavitud poco a poco. Douglas creía que el país debía seguir como estaba. Opinaba que debía mantenerse la división entre estados libres y esclavistas.

Lincoln no contaba con el apoyo de los sureños. Su nombre ni siquiera estaba en las boletas electorales del Sur. Pero aún así, ganó la elección y se convirtió en el nuevo presidente. Los líderes de los estados sureños estaban indignados. Empezaron a separarse de la Unión. Formaron su propio gobierno.

Esta viñeta política de 1860 muestra a Lincoln y a Douglas peleando por la presidencia.

23

Lincoln jura como decimosexto presidente de Estados Unidos.

Lincoln asumió el cargo en marzo de 1861. Sabía que tenía por delante una tarea grande y complicada. El país estaba en un momento clave. Había muchas preguntas sin responder. ¿La Unión se disolvería ahora que los estados del Sur la habían abandonado? ¿Habría paz? ¿Habría guerra?

El primer discurso de Lincoln como presidente fue esperanzador. Llamó a la paz entre el Norte y el Sur. "No somos enemigos, sino amigos —dijo—. Aunque las pasiones hayan tensado nuestros lazos afectivos, no deben romperlos".

Sin embargo, en ese mismo discurso Lincoln también dejó claro que no toleraría la secesión. La Unión lucharía para mantener al país unificado. Lincoln dijo que la paz dependía del Sur. "En sus manos, mis disconformes compatriotas, y no en las mías, está este asunto crucial de la guerra civil", afirmó. Sin embargo, los estados confederados estaban dispuestos a luchar.

LA CRISIS DE SECESIÓN

James Buchanan fue el presidente anterior a Lincoln. Se esperaba que manejara la crisis de secesión. Pero no se ocupó del asunto. Cuando terminó su mandato, la guerra ya era cuestión de tiempo.

Un país en crisis

En 1861, Estados Unidos era un país en crisis. Estaba dividido en dos a causa de una diferencia de opiniones. Ahora era el Norte contra el Sur. Los dos bandos no lograban ponerse de acuerdo sobre la esclavitud ni sobre los derechos de los estados. Pero ambos coincidían en que era hora de ir a la guerra.

¿Continuaría la esclavitud? ¿Los estados mantendrían sus derechos? ¿Podría volver a unirse el país? Solo la guerra de Secesión respondería estas preguntas y resolvería la disputa. El 12 de abril de 1861, sonaron los primeros disparos. La guerra había empezado. Tardó cuatro largos y sangrientos años en llegar a su fin.

Habitantes de Charleston observan la primera batalla de la guerra de Secesión en el fuerte Sumter.

Unos soldados defienden el fuerte Sumter.

Puede decirse que la guerra de Secesión fue el enfrentamiento más violento que ha ocurrido en suelo estadounidense. Dividió a la nación. En algunos casos, los miembros de una misma familia lucharon en bandos opuestos. Las pérdidas en ambos bandos fueron terribles. Pero, finalmente, las personas esclavizadas obtuvieron su libertad. La cuestión de los derechos de los estados frente a los derechos federales sigue siendo tema de debate aún hoy. Algunas personas dicen que la guerra de Secesión y sus causas todavía afectan al país.

TESTIGO DE LA HISTORIA

La esposa de Dred Scott, Harriet, nació en condiciones de esclavitud cerca de 1815. Tras obtener su libertad en 1857, consiguió un empleo pago y logró comprar una vivienda. Llegó a ver el fin de la esclavitud en Estados Unidos.

27

¡Rapéalo!

Piensa en los sucesos que provocaron la guerra de Secesión. ¿Qué cosas causaron la división del país? Escribe un rap en el que describas las causas de la guerra de Secesión. Incluye temas importantes, como la esclavitud y el asalto a Harpers Ferry. Menciona a figuras clave, como Dred Scott y Abraham Lincoln. Explica las diferentes opiniones que tenían el Norte y el Sur. Luego, reúne a tus familiares y amigos e interpreta tu rap.

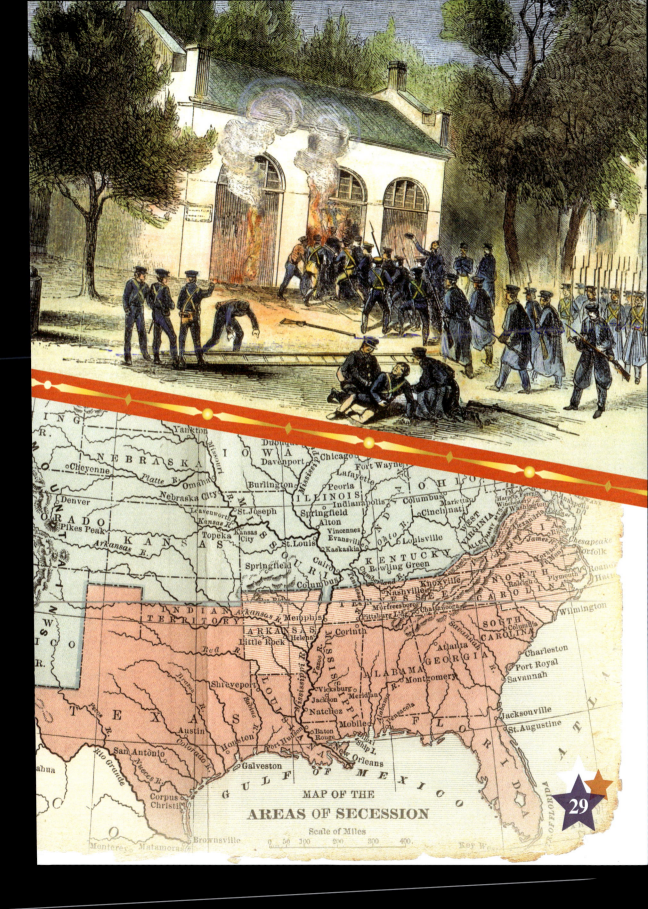

MAP OF THE
AREAS OF SECESSION
Scale of Miles

29

Glosario

abolicionistas: las personas que estaban en contra de la esclavitud y que luchaban para ponerle fin

abolir: terminar o detener algo oficialmente

arsenal: un lugar donde se guardan armas

compromiso: un acuerdo al que se llega cuando ambas partes renuncian a algo que desean

controvertidos: que generan muchos desacuerdos

debates: discusiones entre personas que tienen opiniones diferentes

demandó: inició un juicio

doctrina: una declaración de las políticas de gobierno

economía: el sistema que se utiliza para comprar y vender bienes y servicios

federal: relativo al gobierno central de Estados Unidos

indignados: muy enojados

insurrección: un intento de tomar el control de algo mediante la violencia

milicia: un grupo de ciudadanos comunes entrenados en el combate militar y dispuestos a luchar en defensa de su país

pecado: una acción que se considera incorrecta porque no sigue las normas morales o religiosas

rehenes: personas que son capturadas y retenidas contra su voluntad hasta que se cumplan determinados pedidos

revuelta: una lucha violenta contra un líder o contra un gobierno

telégrafo: un antiguo sistema que se usaba para enviar mensajes a través de largas distancias mediante cables y señales eléctricas

traición: un delito que consiste en no ser leal al propio país o en luchar contra él

Unión: un término que se usa para referirse a Estados Unidos de América; también fue el nombre del ejército del Norte durante la guerra de Secesión

Índice

Brown, John, 18–21

Buchanan, James, 25

Compromiso de 1850, 10

Compromiso de Misuri, 8–9, 12–13, 16

Constitución, 7

Corte Suprema de Estados Unidos, 4, 15–17

derechos de los estados, 6, 26–27

Douglas, Stephen A., 22–23

Douglass, Frederick, 19

Emerson, John, 14–15

esclavitud, 4, 6–11, 13–18, 22–23, 26–28

fuerte Sumter, 26–27

guerra de Secesión, 4, 14, 25–28

Harpers Ferry, 18–20, 28

Ley de Esclavos Fugitivos, 10–11, 32

Ley de Kansas-Nebraska, 12

Lincoln, Abraham, 22–25, 28

Scott, Dred, 4–5, 14–17, 27–28

Scott, Harriet Robinson, 14, 27

secesión, 25

Stowe, Harriet Beecher, 15

Taney, Roger Brookc, 16

Tubman, Harriet, 19

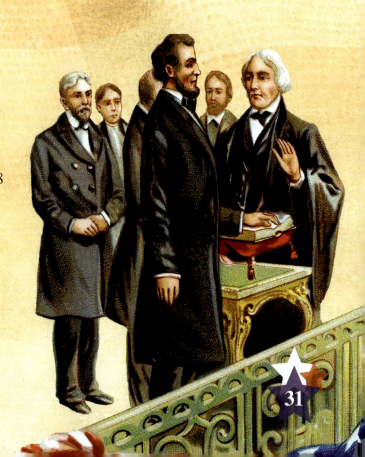

¡Tu turno!

¡Cuidado! Personas de color de Boston: se les recomienda y advierte que no hablen con vigilantes ni policías de Boston, ya que por orden del alcalde y de los ediles están autorizados a actuar como secuestradores y cazadores de esclavos, y ya han secuestrado y retenido a varias personas. Si valoran su libertad y el bienestar de los fugitivos que hay entre ustedes, eviten a toda costa a la infinidad de sabuesos que hay tras la pista de los más desafortunados de su raza. Tengan mucho cuidado y mantengan los ojos bien abiertos. 24 de abril de 1851.

Cartel de advertencia

Este cartel de 1851 es una advertencia a los afroamericanos de Boston sobre los cazadores de personas esclavizadas. Se escribió poco después de que se modificó la Ley de Esclavos Fugitivos. ¿De qué manera el lenguaje que usó el autor del cartel refleja su opinión sobre la ley? ¿Cómo muestra la división que había en Estados Unidos en ese momento? Escribe un breve párrafo para responder estas preguntas.